AF571018

# ALTE SCHÄTZE

## Lebensgeschichten aus Vorarlberg

# INHALTSVERZEICHNIS

# VORWORT

Alte Menschen sind eine große Bereicherung für die heutige Gesellschaft. Sie sind es, die die Vergangenheit unvergesslich machen, uns mit ihren Lebenserfahrungen und Weisheiten zur Seite stehen und uns auch oft mit Geschichten aus ihrem früheren Leben erfreuen, mit alten Schätzen. Diese Schätze müssen behutsam ausgegraben, gesehen und bewahrt werden.

In diesem Projekt war es uns wichtig, uns Zeit für ältere Menschen zu nehmen, ihnen zuzuhören, sie als wertvolle Persönlichkeiten voller eigener Erfahrungen und Erlebnisse zu respektieren, damit ihre Schätze nicht verloren gehen.

Für dieses Buch wurden persönliche, spannende und berührende Geschichten von älteren Menschen aus Vorarlberg gesammelt. Diese Erinnerungen reichen von Kindheitserlebnissen, Schulgeschichten, Erfahrungen in Ausbildung und Berufsleben bis zu berührenden Liebesgeschichten. Manche haben ihr ganzes Leben hier in Vorarlberg verbracht, andere hat das Schicksal erst ins Ländle geführt.

Wir wünschen allen LeserInnen dieser wunderbaren Geschichten, dass sie durch jene „Alten Schätze“ bereichert werden, indem diese ihnen wie uns so nahe gehen, dass auch sie Gefühle wie Respekt, Trauer, Faszination, Inspiration, Erstaunen durchleben. Denn tief in uns haben wir doch alle den Wunsch, was uns bewegt, unsere Schätze, mit anderen teilen zu können, egal wie viele Lebensjahre zwischen uns liegen.

# MIT VIEL OPTIMISMUS DURCHS LEBEN

Die liebenswerte Oma und Mama Hazba Candic wurde am 11. Juli 1948 geboren. In ihrem Heimatland Bosnien und Herzegovina wuchs sie als eines von sieben Kindern in einem ruhigen Dorf namens Jelovce Selo auf und erlebte dort ihre schönsten Kindheitserinnerungen. "Die Sommertage waren mir am liebsten!", schwärmt Hazba. "Wir - Geschwister, Verwandte und Freunde - trafen uns damals jeden Tag draußen zum Spielen. Den ganzen Sommer lang. Von Mobiltelefonen und Fernsehern wussten wir damals nichts. „Verstecki"-Spielen war eines unserer Lieblingsspiele. Und hinter den vielen Sträuchern, Birnen- und Zwetschkenbäumen im Garten gelang mir das am besten von allen!", lacht sie.

Als älteste Schwester übernahm Hazba früh Verantwortung für ihre jüngeren Geschwister. Wie es in einer Großfamilie üblich ist, musste jeder mithelfen, sei es beim Aufräumen, Waschen oder Kochen. All diese Sachen gingen ihr leicht von der Hand, da sie sehr fleißig und absolut nicht faul ist. Bemerkenswert erscheint auch, dass Hazba sich schon in jungen Jahren fürs Kochen und Backen interessiert hat. "Ich habe nun unzählige Backbücher im Schrank. Aber das Witzige daran ist, dass ich keines der Rezepte vollständig nachbacke, weil ich immer gern meine eigenen Kuchen, Torten und Gebäcke kreiere!" Und dies gelingt ihr auch immer sehr gut. Da Hazba sich sehr dafür interessiert, Neues zu erlernen, findet sie sich nicht nur im Backen und Kochen wieder, sondern hat auch Talent im Nähen, Stricken und Häkeln, wie man am selbstgehäkelten Kissenbezug im einem der Bilder erkennen kann.

Gerne erinnert sie sich zurück, wie sie ihre erste Liebe kennenlernte. „Er war sehr beliebt und ein echter Charmeur. Ich war mir nicht sicher, ob er mich je beachtet hätte, wenn wir uns nicht eines Tages beim Brunnen im Dorf getroffen hätten…“ Ejub eroberte ihr Herz sofort und kurze Zeit danach, im Alter von 24 Jahren, gaben sie sich das Ja-Wort. Wenig später kam ihr erster Sohn zur Welt, den sie bis zu seinem zweiten Lebensjahr in Bosnien aufzogen. 1975 entschied sich die kleine Familie dann nach Vorarlberg zu ziehen, wo Ejub als Gastarbeiter tätig war. Als Hazba ihre erste Tochter und noch einen Sohn zur Welt brachte, entschied das Ehepaar, in Dornbirn zu bleiben, da sie sich schon gut eingelebt und viele Freunde hatten.

Im Alter von 42 Jahren starb Hazbas Gatte an einem Schlaganfall und somit wurde die Mama dreier Kinder zur Witwe. Als Zeichen der Treue und endlosen Liebe war für sie sofort klar, dass sie den Nachnamen ihres Mannes beibehalten würde und keinen anderen Mann mehr heiraten möchte. Ihre Kinder unterstützten sie tatkräftig in dieser schweren Zeit und standen immer an ihrer Seite. Auch als ein nächster Schicksalsschlag Hazba schwer traf: Diagnose Brustkrebs im Alter von 60 Jahren. Diesen überstand sie dank frühzeitiger Erkennung ohne Probleme. Zehn Jahre danach erhielt sie jedoch erneut die Diagnose Krebs, die ihr schwer zu schaffen machte, da sie sich einer Operation und Chemo-Therapie unterziehen musste. Doch Hazba erwies sich als starke Frau. Da sie ein großes Herz für ihre Familie hat, wollte sie nicht, dass man sich Sorgen um sie macht und erzählte wenig von ihren Problemen. Sie bemühte sich immer, über Positives zu sprechen und darüber, das schon alles gut werde.

Mit viel Optimismus und Durchhaltevermögen überstand sie auch diese zweite schwere Krankheit, wobei sie manchmal Angst hat, dass die Krankheit wiederkehren könnte.

Nichtsdestotrotz genießt Hazba jeden Moment ihres Lebens. Ihre Lebensphilosophie lautet: „Alles wird so kommen, wie das Schicksal es möchte. Deshalb schätze das, was du hast!“

Außerdem reist sie regelmäßig nach Bosnien, wo die meisten Menschen aus ihrer Familie und aus ihrem Freundeskreis leben. „Ich fühle mich dort sehr wohl. Weißt du, es ist einfach dieses schöne Heimatgefühl. Der Ort, an dem du aufgewachsen bist, an dem du so viele schöne Erinnerungen mit tollen Menschen erlebt hast und an dem du gleichzeitig Zeit zum Entspannen findest, wird dir immer im Herzen bleiben!“, schwärmt sie.

Verfasst von Aida Omerovic

# GLÜCK IM UNGLÜCK

Erika Gassner wurde als Erika Anna Meusburger am 3. Juli 1940 in Egg geboren. Ihr Vater war Uhrmachermeister und besaß einen Laden. Die Mutter war, wie damals üblich, für die Kinder und den Haushalt zuständig, verdiente aber Taschengeld durch Heimarbeiten für die benachbarte Stickerei. Erika wuchs mit drei Geschwistern auf. Nach der Hauptschule musste sie die Schule abbrechen, um im Betrieb ihres Vaters arbeiten zu können. Später übernahm sie das Geschäft und dort arbeitet sie auch heute noch mit ihren 78 Jahren als Seniorchefin.

Erika Gassner erzählt, dass an einem verschneiten Wintertag am Ittensberg im Bregenzerwald eine Rodelpartie stattfand, an der Erika unbedingt teilnehmen wollte. Treffpunkt war eine Hütte in der Nähe der Rodelpiste. Bevor es losging, wurde in der Hütte noch ein bisschen Glühwein getrunken und so waren schon nach kurzer Zeit alle gut aufgelegt und zum Teil auch ein bisschen beschwipst. Als sie dann endlich losfuhren, war es schon dunkel geworden. Doch trotz der Dunkelheit machte sie sich an die lange Talfahrt. Das Rodeln war ein Heidenspaß für alle Beteiligten, bis die junge Erika plötzlich kopfvoraus in einen Straßenbegrenzungsstein krachte. Sie erzählt: „Mein Schädel hat gebrummt, aber trotzdem bin ich weiter gefahren." Am nächsten Tag erst ging sie zum Arzt, welcher sie sofort wieder nach Hause schickte, nachdem er kurz vor ihrem Gesicht herumgefuchtelt hatte, um zu prüfen, ob ihre Augen noch funktionierten. Erika ging dann ins Geschäft zurück, in dem sie arbeitete. Im Laufe des Tages kam ein Sanitäter in den Laden, der seine Uhr reparieren lassen wollte. Als er meine

Oma sah, erschrak er und rief :„Erika, du bisch jo ganz schieaf im Gsicht.“ Er riet ihr, dringend ins Krankenhaus zu gehen. Da er zufällig an diesem Tag noch nach Dornbirn fahren musste, versprach er ihr, sie ins Krankenhaus mitzunehmen. Dort wurde bei Erika ein Jochbeinbruch festgestellt und nachdem dieser „hergerichtet“ worden war, konnte sie wieder nach Hause fahren. Zu dieser Zeit war ein Jochbeinbruch keine Kleinigkeit und wenn dieser nicht innerhalb von 24 Stunden entdeckt worden wäre, hätte es für Erika schlecht ausgesehen. Erika hatte also nochmal Glück im Unglück gehabt, denn der Unfall hatte keine sichtbaren Spuren bei ihr hinterlassen.

Verfasst von Anna Albrich

# NÄHEN - EINE LEBENSLANGE LEIDENSCHAFT

Luise Scheer, welche am 26. März 1933 geboren wurde, wuchs mit ihren Eltern, zu denen sie immer ein gutes Verhältnis hatte, und ihrem 12 Jahre jüngeren Bruder in Frantschach in Kärnten auf.

Obwohl sie nicht viel hatten und ein eher armes Leben führten, spricht Frau Scheer von einer sehr schönen Kindheit. Früher fühlte sie sich nicht arm, nur wenn sie heute zurückblickt, sieht sie, wie wenig sie eigentlich hatten. Sie meint, dass Jugendliche früher mit fast Nichts eine Freude hatten. „Heute haben sie eben mehr, sind aber auch zufrieden."

Zuerst besuchte Luise Scheer vier Jahre lang die Volksschule und anschließend weitere vier Jahre die Hauptschule in Wolfsberg, wohin sie immer mit dem Zug pendelte. Nicht selten aber schwänzte Luise die Schule und ging stattdessen zu einer Frau, der sie im Garten half und mit gewissen Arbeiten im Haushalt, wie zum Beispiel dem Abwasch. Das dort verdiente Geld fand seinen Platz im „Kässele" der jungen Luise. Alle 14 Tage bekam ihr Vater, ein Fabriksarbeiter, seinen Gehalt. Wenn es dann einmal knapp wurde, half Luise mit ihrem ersparten Geld gerne aus.

Sonntags besuchten alle die Kirche, was den Mädchen sehr gefiel, da sie dort singen konnten. Später dann gingen sie alle zusammen tanzen. In ihrer Kindheit und Jugendzeit war Luise Scheer in einem Gesangsverein tätig und hatte, wie sie sagt, „billige" Hobbys wie das Schwimmen in einem Bach und das Laufen über Steine im Fluss Lavant. Doch am allerliebsten beschäftigte sie sich mit dem Nähen. Wenn sie alte Kleidung hatte, trennte sie die Nähte auf und schneiderte dann etwas Neues daraus. In dem Haus, in welchem Luise mit ihrer Familie lebte, wohnte auch ihre Freundin, die ebenfalls Luise hieß, und deren Mutter der zehn Jahre alten Luise das Nähen beibrachte und ihr oft dabei half. Außerdem blieb ihr in Erinnerung, dass ihr die Mutter ihrer Freundin in der kalten Jahreszeit einmal einen Mantel aus einer Decke nähte und dafür kein Geld verlangte. Nachdem Frau Scheer die Schule abgeschlossen hatte, machte sie ihre große Leidenschaft, das Nähen, zum Beruf. Sie arbeitete 22 Jahre lang in der Schweiz und danach etwa zehn Jahre lang in Dornbirn in Nähereien.

„Ich habe mein ganzes Leben lang genäht", sagt Luise Scheer. Aber auch eine tragische Geschichte erzählte Frau Scheer: „Wenn ich heute eine Sache nicht mehr tun würde, so wäre dies, meine erste große Liebe zu heiraten." Es war Liebe auf den ersten Blick und sie heiratete den Mann Hals über Kopf, obwohl ihre Mutter von Anfang an nicht begeistert von ihm war und ihrer Tochter sagte, dass dieser Mann nicht gut für sie sei. Frau Scheer hörte jedoch nicht auf den Ratschlag ihrer Mutter und bekam später sogar eine Tochter mit ihm, welche ihr dann auch eine Enkelin schenkte. Heute meint sie, sie hätte auf ihre Mutter hören sollen, denn in Vorarlberg kam es schließlich zur Scheidung von ihrem untreuen Ehemann.

Seit April 2015 wohnt Luise im Pflegeheim, in welchem sie von einer Freundin, welche sie als treue Seele beschreibt, jeden Freitag besucht wird. Sie habe es sehr schön hier und möchte auch nicht mehr weg.

„Genieß die Jugend, geh tanzen, sei fröhlich und erwisch den richtigen Mann. Außerdem ist es zu jeder Zeit schön, wenn man es sich schön macht“, gibt Frau Scheer jungen Menschen auf ihrem Weg mit.

Verfasst von Anna Oberhauser

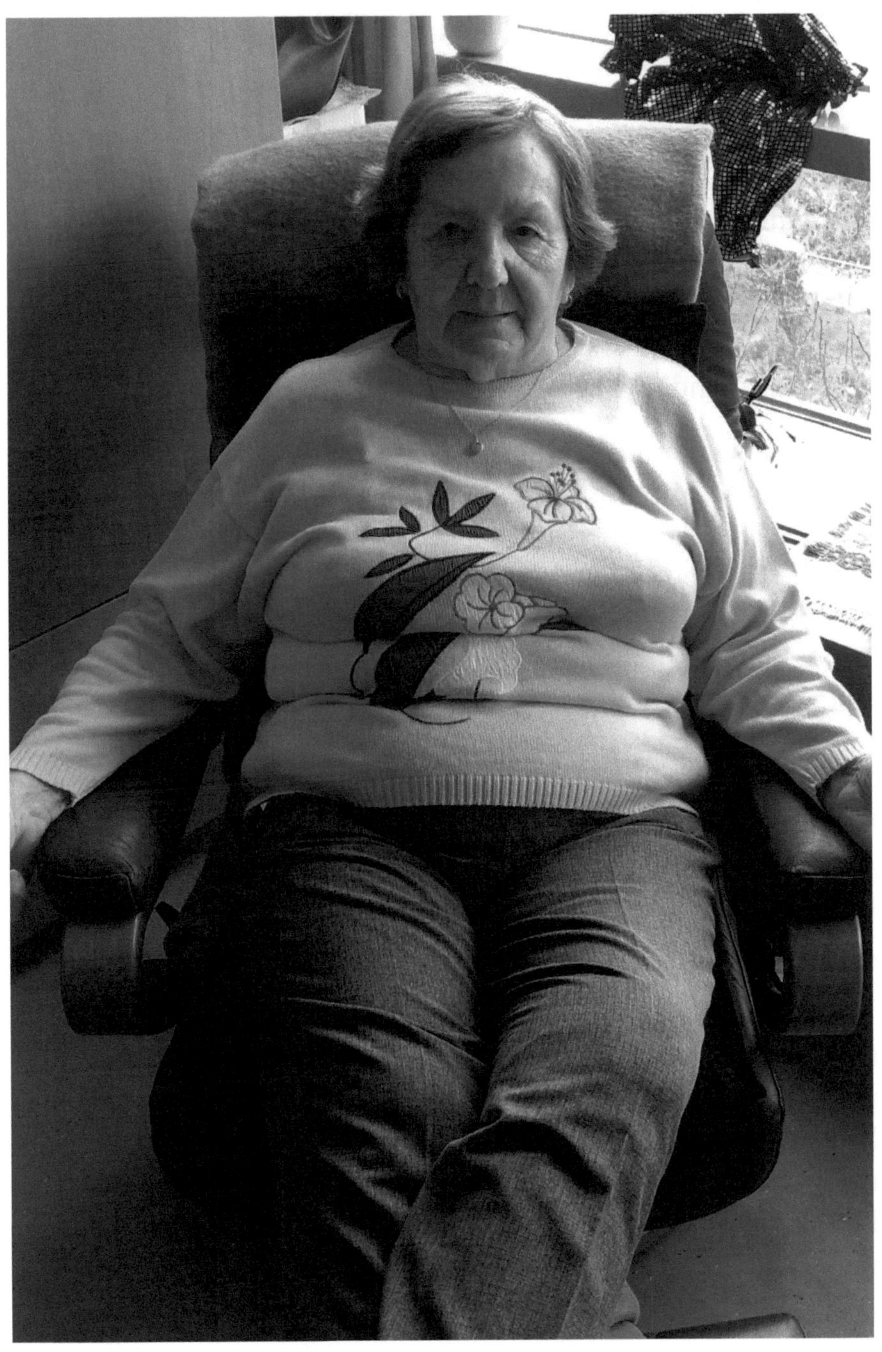

# EINE JUGEND IN KÄRNTEN

Edeltraud Schrittesser wurde am 12. Jänner 1960 als erstes Kind ihrer Eltern in St. Veit an der Glan in Kärnten geboren und wuchs dort auf. Im Jahr 1980 zog sie mit ihrem Mann auf Grund seiner Arbeit nach Vorarlberg. In der Zwischenzeit machte sie ihr späteres Hobby zum Beruf und wurde Köchin. Zu ihren Leidenschaften gehört außerdem noch das Lesen, Radfahren und das Lösen von Kreuzworträtseln.

Gemeinsam mit ihren fünf Geschwistern, Eltern und Großeltern wohnte Edeltraud in einem Haus in Kärnten. Damals erzeugten sie alle Lebensmittel wie Getreide oder Fleisch selber und die Kinder halfen dabei und auch bei landwirtschaftlichen Tätigkeiten (z.B Erdäpfel sammeln) mit. Das Geld, das bei der Arbeit verdient wurde, ging an die Eltern. Einmal im Monat wurde Brot gebacken, das für die ganze Familie reichte. Früchte wurden selber in einer Holzhütte getrocknet und das Wasser, das benötigt wurde, musste man aus einem Brunnen holen. Edeltraud liebte es in ihrer Kindheit Ski, zu fahren und spazieren zu gehen. Für diese Spaziergänge gab es in ihrer Umgebung nur eine kurze, ebene Strecke, wo sie die meiste Zeit mit ihren Freunden oder Geschwistern verbrachte.

Edeltraud besuchte sechs Jahre lang die Volksschule. Die ersten vier Jahrgänge wurden in zwei Klassen zusammengefasst, unterrichtet von zwei Lehrern, die im Schulgebäude wohnten. Nach weiteren vier Jahren Hauptschule fing sie eine Kochlehre in Klagenfurt an, obwohl sie damals den Traum hatte, die Krankenschwesternschule zu besuchen. Dies konnte sie aber nicht, da ihre Eltern nicht die finanziellen Mittel dafür hatten. Als sie mit der Kochlehre anfing, war sie gerade einmal 15

Jahre jung. Zudem war Edeltraud das einzige Mädchen und komplett auf sich alleine gestellt. In Klagenfurt fühlte sie sich einerseits nicht wohl, da sie auf einmal in einer fremden Umgebung war, doch andererseits hatte sie auch mehr Freiheit.

Sie ist der Meinung, dass die damalige Jugend mehr Freiheiten in Bezug auf die Schule hatte, da sie keine Hausübungen etc. erledigen mussten. Auf der anderen Seite beneidet Edeltraud die heutigen Jugendlichen, weil sie mehr Möglichkeiten haben als früher und zum Beispiel erst im Alter von 16 Jahren arbeiten müssen bzw. dürfen.

Ihr Rat an die heutige Jugend: „Findet euren Weg selbst und lasst euch von keinem beeinflussen!“

Verfasst von Büsra Özdemir

# KINDHEIT IM KLOSTER

Rita F., auch „Rittile“ genannt, erblickte im Jahre 1951 das Licht der Welt. Sie wuchs in Schruns auf, wo sie jede Menge Freiheiten und Spaß hatte. Ihre Eltern waren im Gastgewerbe tätig, sie besaßen ein Café mit Konditorei direkt im Dorf. Dadurch hatten sie wenig Zeit, sich mit ihren Kindern zu beschäftigen. So machte „Rittile“ sich oft alleine oder auch gemeinsam mit ihren drei Geschwistern auf den Weg, um die Natur zu erkunden. Sie hatte viele Freunde im Dorf, welche sich alle untereinander kannten, und sie verbrachte viel Zeit damit, mit ihnen zu spielen und herumzualbern. Doch als Rita älter wurde, musste sie auch im Café ihrer Eltern aushelfen, was sie aber oft sehr gerne tat.

Eines Tages fragte Christa, ihre damalige beste Freundin, das 12-jährige „Rittile“, ob sie mit ihr das Internat eines Instituts in Vorarlberg besuchen möchte. Christas Vater war der Architekt des neuen Schulgebäudes und als einziges Mädchen in der Familie kam nur sie in Frage, in der Klosterschule angemeldet zu werden. Da Ritas Schwester Renate dort schon in der Handelsschule war und sehr unter Heimweh litt, war ihre Mutter dagegen. Nach langem Betteln ihrerseits und dem Versprechen, nicht zu klagen, willigten ihre Eltern schlussendlich doch ein.

Am Ende war Rita ganz alleine im Mädcheninternat, da Christa nach der Anmeldung sehr schwer erkrankte. Dies war nicht leicht für Rita, sie musste jedoch diese Zeit leider alleine durchstehen. Im Internat wurde jedem „Zögling“ eine Nummer zugeteilt. Ritas Nummer war die 26 und alle ihre persönlichen Dinge mussten mit dieser gekennzeichnet werden.

Das Leben im Kloster war durchstrukturiert und kühl. Das junge „Rittile“ schlief mit elf Mädchen unterschiedlichen Alters in einem großen Schlafsaal. In der hinteren Ecke des Schlafsaals übernachtete eine Nonne hinter einem Vorhang, welche die Mädchen die ganze Nacht unter Kontrolle hatte. Vor dem Schulunterricht mussten die Betten ganz genau gemacht werden, sonst wurden sie von der Nonne wieder verwüstet. Danach gingen alle zusammen in die Morgenmesse und zum Frühstück, mussten die Mädchen selbst ihr Besteck (unter anderem auch eine Serviettentasche), Obst, Zucker und sonstige Sachen mitbringen. Das Geschirr und das Besteck musste von den Mädchen selbst weggeräumt werden. Am Nachmittag hatten sie immer eine Stunde Studienzeit, in der sie Briefe an ihre Familie und Freunde schreiben durften. Alle Briefe, außer die an die Eltern, mussten offen abgegeben werden, damit sie von den Schwestern kontrolliert werden konnten.

Im Waschsaal gab es mehrere sehr kleine Waschbecken mit einem kleinen Spiegel. In der Ecke war ein großer Boiler mit heißem Wasser, von diesem durften sie eine Konservendose füllen, um sich abends damit die Füße zu waschen. Baden durften die Mädchen nur einmal in der Woche eine halbe Stunde.

Die Mädchen mussten auch Uniformen tragen. Im Internat mussten sie eine blaue Mantelschürze mit weißem Kragen tragen, die „Ausgangsuniform“ bestand aus einem blauen Kostüm, mit einer weiten Bluse und einer Baskenmütze. Das Tragen von Hosen war ihnen nicht erlaubt.

Am Wochenende war alles durchgeplant. Samstags musste gebeichtet und für die Schule gelernt werden und abends wurde ein Rosenkranz gebetet. Sonntags gingen sie in Zweierreihen mit den Nonnen an die frische Luft spazieren. Wenn ihnen jedoch Burschen entgegenkamen, hieß es: „Blicke senken, Burschen kommen."

Im Internat gab es auch ein „Führungszeugnis". Wenn man nicht „brav" war, durfte man nicht nach Hause, auch wenn dies die Mädchen sowieso nicht oft durften. Einmal im Monat durften die Eltern sie am Samstag um vier Uhr nachmittags abholen und am darauffolgenden Sonntag mussten sie wieder um sechs Uhr abends „einrücken".

Spaß bereiteten Rita die Stunden auf dem Eislaufplatz, die Spaziergänge in den nahegelegenen Wildpark und die damals üblichen „Pflichtfilme" im Kino.

Als Rita mit 17 Jahren die Haushaltungsschule abgeschlossen hatte, war sie froh, wieder nach Hause zu ihrer lieben Familie und zu ihren Freunden im Dorf zurückkehren zu dürfen.

„Dank all dieser Erfahrungen habe ich viel gelernt und bin durch diese Zeit heute so wie ich bin." – Rita F.

Verfasst von Camilla Oberweger

# JOSEFA UND BRUNO

Josefa „Sofie“ Maier, geborene Pramendorfer, wurde als die jüngere von zwei Töchtern der Elfriede Pramendorfer am 7. März 1943 in Innsbruck im Tirol geboren. Schon bald übersiedelte die Familie nach Vandans im Montafon. Sie ließen sich im Haus von Sofies Ziehvater in Rodund im Montafon nieder. Von dort mussten sie jedoch schon nach wenigen Jahren wegziehen, da die Siedlung Rodund dem Staubecken der Illwerke zum Opfer fiel. Sofie absolvierte bei „Feinkosthandel Julius Meinl“ in Schruns im Montafon eine Lehre zur Einzelhandelskauffrau.

Bruno Maier wurde als das älteste von sechs Kindern der Luise und des Georg Maier am 31. Oktober 1940 in St. Gallenkirch im Montafon geboren. Schon früh musste er auf seine Geschwister aufpassen und in der elterlichen Kleinlandwirtschaft mithelfen. Trotzdem blieb ihm immer noch genug Zeit, um zusammen mit seinen Freunden viel Schönes in der Natur zu erleben. Bruno absolvierte bei „Gemischtwarenhandel Düngler“ in St. Gallenkirch eine Lehre zum Einzelhandelskaufmann. Sofie und Bruno lernten sich – nachdem Sofie Jahre zuvor in der Schule schon Brunos schönes kariertes Hemd bewundert hatte – an ihrem Arbeitsplatz im „Konsum“ in Vandans kennen. 1964 heirateten sie und wurden in den darauffolgenden Jahren Eltern von zwei Mädchen. Beide waren seit ihrer Jugend Mitglieder der Trachtengruppe und absolvierten Auftritte in ganz Europa – zur damaligen Zeit eine Sensation! Heute leben sie in Vandans, sind sportlich und sozial aktiv, reisen gerne und verbringen am liebsten Zeit mit ihren drei Enkelkindern.

## Verkäuferin - Sofies Traumberuf

Sofie Maier erzählt:

„Ich war sehr stolz über meine Lehrstelle bei der Firma Meinl in Schruns. Mein Lehrherr war ein netter Mann, aber er hatte halt auch so seine speziellen Ansichten. Da er mir nicht erlaubte, mit dem Zug zu fahren, musste ich sommers und winters die Strecke von Vandans nach Schruns mit dem Fahrrad zurücklegen. Egal, ob es regnete oder schneite, ich fuhr mit dem Rad. Wenn es viel geschneit hatte, dann kam es schon vor, dass ich das Rad den ganzen Weg schieben musste, da die Straße noch nicht geräumt war. Es war manchmal natürlich sehr kalt. Im Geschäft war es mir aber nicht erlaubt, Hosen zu tragen. Meine Mutter schneiderte mir eine Hose, die ich zum Radfahren trug. Einmal im Geschäft angekommen, musste ich mich schnell umziehen, damit mein Chef mich nicht in Hosen erwischte. Im ersten Lehrjahr verdiente ich 235,- im dritten Lehrjahr dann 340,- Schilling. Ein großer Laib Brot kostete damals 1,90 Schilling.

In unserem Geschäft duftete es immer wunderbar. Der Geruch kam von den Kaffeebohnen, welche in drei verschiedenen Sorten in großen Behältern zum Verkauf standen. Die Kundschaft wählte sich die Sorte aus und wir mahlten die Bohnen dann frisch. Überhaupt wurden mit Ausnahme des Mehls alle Waren lose angeboten. Zucker stand im 50-Kilo-Sack zum Verkauf, Rosinen und Nüsse wurden in der Schublade und Öl in großen Kanistern präsentiert. Die Waren, welche die Kunden sich aussuchten, wogen wir Lehrmädchen ab und bevor wir sie der Kundschaft überreichen durften, wog unser Lehrherr noch einmal nach, damit ja alles seine Richtigkeit hatte.

Zwei Nachmittage in der Woche mussten wir in Bludenz die Berufsschule besuchen. Dazu musste ich den Zug nehmen. Mein Lehrherr war aber nicht bereit, mich ein wenig früher gehen zu lassen, damit ich den Zug erreichte. Oft übergab er mir sogar noch einen Rucksack voller Waren, die ich zuerst mit dem Fahrrad ausliefern musste.

In Schruns befand sich das „Kurhotel“, wo berühmte Gäste aus der ganzen Welt abstiegen, die dann auch bei uns einkauften. Dazu gehörten Herbert von Karajan und seine Frau, die Schauspieler Helmut Lohner und Karin Baal, Attila Hörbiger und Paula Wessely oder der Tiefseeforscher Hans Hass. Sogar Berühmtheiten aus Amerika, wie der Bürgermeister von New York, kauften bei uns ein, das waren tolle Erlebnisse, wenn ich mit einer Kundschaft Englisch sprechen durfte.

Nach der Lehre wechselte ich in den „Konsum“ in Vandans. Dort hatten wir für unsere Kunden ein „Anschreibbüchlein“. Die meisten Leute ließen ihre Einkäufe dort einschreiben und bezahlten einmal monatlich ihre Schulden. Wir jungen Verkäufer mussten nach Ladenschluss am Samstag noch das Geschäft putzen. Dabei kamen der junge Mann aus der Innerfratte und ich uns näher und nun sind wir seit 54 Jahren verheiratet.“

Bruno Maier erzählt:

„Mit zwölf Jahren war ich in den Sommerferien Geißenbub. Meine Herde zählte 78 Geißen, die die Bauern jeden Morgen zum Abholplatz im St. Gallenkirchner Ortsteil Gaschau brachten. Von dort stiegen die Geißen und ich täglich zweieinhalb Stunden bis zur Alpe Zamang auf. Die Geißen liefen dort den ganzen Tag frei herum und ich konnte mir die Zeit auf unterschiedliche Art vertreiben. Manchmal baute ich mit Zweigen und Tannenzapfen kleine Städte für die Ameisen, an anderen Tagen besuchte ich die Alphirten und half ihnen bei der Arbeit.

Wenn das Wetter sehr schlecht war, konnte ich mit den Geißen nicht bis hoch auf die Alpe laufen und ich musste den ganzen Tag gut aufpassen, dass sie nicht das Gras in den Wiesen im Tal abfraßen, denn dann schimpften die Bauern sehr. Einmal, ich war gerade auf dem Rückweg vom Pizigut, einem einsam gelegenen See etwa dreieinhalb Stunden vom Tal entfernt, zog ein Gewitter auf. Ich war gerade auf einer Ebene angelangt, auf der sich ein Unterschlupf für die Hirten befand. Rund um mich blitzte und donnerte es, die Wiese war weiß vor lauter Hagelkörnern. Die Geißen suchten unter den Tannen Schutz und schrien laut vor Furcht. Ich hatte auch große Angst und betete in der Hütte, dass ich wieder gut nach Hause kommen möge. Als das Gewitter endlich vorbei war, war es schon dunkel und die Geißen und ich liefen schnell ins Tal, wo uns die Bauern schon besorgt erwarteten. Vorher mussten wir noch ein Tobel, der durch das Unwetter von einer Mure verlegt worden war, überqueren.

Je nachdem wie viele Geißen sie bei mir in Obhut hatten, mussten die Bauern für meine Verpflegung aufkommen. So kam es, dass ich jeden Abend bei einer anderen Bauernfamilie essen musste. Diese Familie musste mir auch meine Jause für den folgenden Tag mitgeben. Kühlschränke hatte noch kaum jemand und es kam mehr als einmal vor, dass ich, bevor ich meine Jause essen konnte, erst die Würmer aus dem Speck ziehen musste.

Ich arbeitete vom ersten bis zum letzten Ferientag die ganzen Sommerferien durch – auch am Sonntag – und verdiente dabei 2.000,- Schilling. Das war damals ziemlich viel Geld. Das Geld musste ich natürlich meiner Mutter abgeben. Dafür bekam ich statt meiner dreiteiligen, mit Seegras gefüllten Matratze eine neue, von Hand gefertigte Federkernmatratze.

Ich denke auch heute noch oft und gerne an den schönen Sommer, den ich mit den Geißen auf der Alpe erlebt habe, zurück.“

Verfasst von Elias Häfele

# EINE ERFOLGSGESCHICHTE AUS DEN 1970ERN

Die 62-Jährige Orthoptistin Margharete Siebmacher kam am 11. Juni 1955 in Kärnten auf die Welt. Sie besuchte dort ein Jahr lang die Schule, bevor sie mit ihren Eltern nach Vorarlberg zog, da ihre Mutter – eine Vorarlbergerin – sehr stark Heimweh hatte. Die Familie ließ sich in Hörbranz nieder, wo Margharete die Schule absolvierte und ging später in Bregenz auf ein Gymnasium. Anschließend machte sie eine Ausbildung zur Orthoptistin (griech.: „Geradesehen") in St. Gallen, Schweiz. „Eine Orthoptistin kümmert sich um Patienten, bei denen die Augen nicht gut zusammenarbeiten können, langläufig wird dies als Schielen bezeichnet." Frau Siebmacher arbeitet auch mit kleinen Kindern, die zwar nicht schielen, aber eine Brille brauchen. Hierfür eignet sich ein/e Orthoptist/in eher als ein/e Augenarzt/Augenärztin, da sie mit Kindern besser umgehen kann, weil sie zeitlich nicht so unter Druck stehen wie die Augenärzte. Ihre Ausbildung dauerte damals zweieinhalb Jahre und sie musste fünf Kurse belegen. Heute braucht man einen Bachelorabschluss für diesen Job. Sie fing ihre Ausbildung 1973 als Lehrtochter an einer Schule an. In ihrem Kurs (heute: Jahrgang) waren 17 Lehrlinge, insgesamt waren es 70. Heute ist das nicht mehr so, weil man nicht mehr so viele Orthoptisten braucht. Dazu kommt, dass es heutzutage nicht einfach ist eine Ausbildungsstelle zu bekommen. Früher waren Männer, wenn es um diesen Job ging, benachteiligt, heute nimmt ihre Zahl zu, obwohl es in diesem Job immer noch mehr Frauen als Männer gibt. Während ihrer Ausbildung war Frau Siebmacher zugleich Angestellte an ihrer Schule. Sie bekam im Monat 50 Franken und musste dafür an sämtlichen Stellen, wie zum Beispiel im Kindergarten oder im Sekretariat, arbeiten. Daneben war sie manchmal in einem Voroperationssaal tätig und musste Spritzen putzen oder sehr lange im Keller sitzen und die Folien ausschneiden, die man für das Auge brauchte. Die Auszubildenden durften auch Schulungen durchführen, jedoch bekamen sie kein Geld. Sie waren zwar als Arbeitskräfte tätig, hatten aber täglich vier Stunden Theorieunterricht.

Der Direktor war fest davon überzeugt, dass man das Schielen des Auges im Gehirn strukturieren könne, jedoch machte das für Frau Siebmacher keinen Sinn. Er wollte aber diese Methode nicht aufgeben, da er dadurch sehr viel Geld machte.

Nach der Ausbildung ging sie nach Bremen, wo sie eine Zeit lang arbeitete und später dann nach Hamburg und Gießen, denn diese beiden Städte sind die wichtigsten Standorte der Schielkundigen. Dort sorgte sie dafür, dass in dem Jahr, als sie dort war, nicht nur zwölf, sondern 196 Operationen durchgeführt werden konnten. Nun arbeitet sie seit fast 40 Jahren in der Sehschule in Feldkirch und zwei Mal im Monat bei einer niedergelassenen Augenärztin und sorgt dafür, dass die Patienten gerade und besser sehen. Frau Siebmachers Patienten sind aus jeder Altersgruppe, die jüngsten sind ein paar Wochen jung, der älteste ist 95 Jahre. Zudem ist sie auch seit 44 Jahren mit ihrem Ehemann glücklich verheiratet und hat einen 24-jährigen Sohn.

„Ich könnte seit drei Jahren in Pension sein, will es aber nicht, da ich meine Patienten sonst nicht mehr sehen werde."

Margharete Siebmacher erzählt:

„Eine Familie aus Sizilien sparte sehr lange, um den Direktor zu sehen. Sie übernachteten in einer Herberge, weil sie sich ein Hotel nicht leisten konnten, da sie das gesamte Geld für die Behandlung benötigten. Der Sohn der Familie hatte eine Kurzsichtigkeit von fünf Dioptrien und wir wussten, als wir ihn untersuchten, dass er nicht üben musste, sondern nur die richtige Brille benötigte, um wieder gut sehen zu können. Ich sagte dann zu meinen Kolleginnen, dass das so nicht weitergehen kann mit dem Direktor, denn es sei unfair und wir sollten sie einfach mit einer richtigen Brille nach Hause schicken. Aber was sollten wir machen? Wir waren damals erst 18 Jahre alt. So holten wir einen kleinen Appenzeller, da der Junge wirklich sehr schlecht sehen konnte, und brachten ihn in den Untersuchungsraum. Er zeigte den Eltern des kleinen Italieners, wie toll er sehen konnte, wenn er die richtige Brille aufsetzte. Dann setzte ich den kleinen Emilio hin und habe den Eltern gezeigt, wie gut ihr Sohn sehen konnte, wenn er die richtige Brille aufhatte. Den Eltern liefen die Tränen herunter, weil sie nicht gewusst hatten, dass er so gut sehen konnte. Wir machten den Eltern klar, dass sie gehen könnten, denn ansonsten hätten sie dem Direktor noch mehr Geld geben müssen. Es war zwar verboten, dass wir gegen den Direktor gehandelt hatten, ich fühlte mich jedoch dazu verpflichtet, der Familie zu helfen."

Verfasst von Emine Karatas

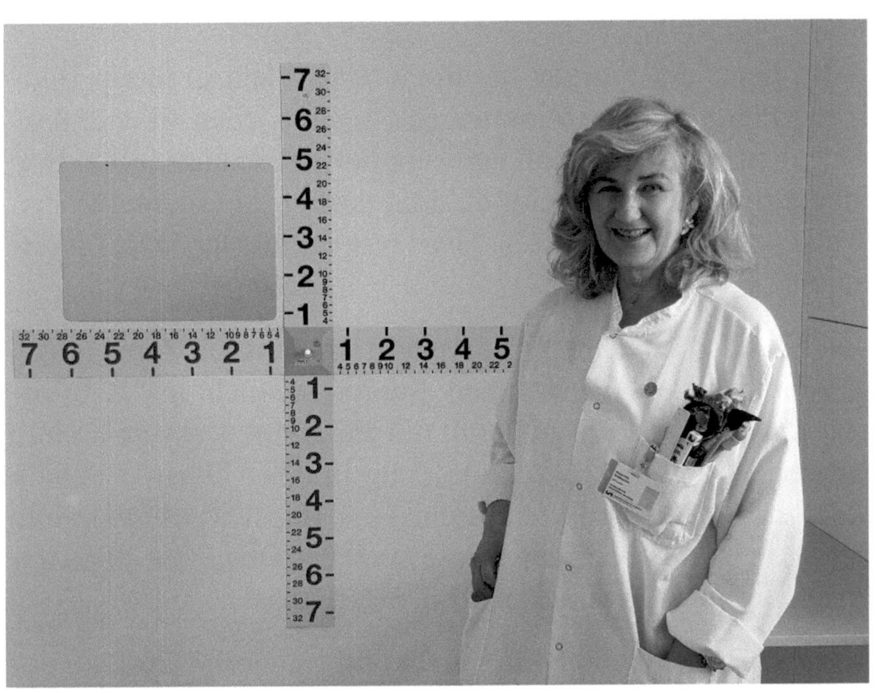

# GESCHICHTEN, DIE DAS LEBEN SCHRIEB

Anna wurde am 11. April 1942 in Dornbirn geboren, wo sie mit ihren vier jüngeren Geschwistern in Geborgenheit, doch strenger Erziehung aufwuchs. Ein älterer Bruder musste durch einen tragischen Umstand schon mit acht Jahren sterben. Anna litt sehr darunter, da Walter erst sechs war. Für sie war er der große Bruder und ein wunderbarer Beschützer.

Von heute auf morgen lag die Kleine allein in ihrem Bettchen, allein in ihrem Zimmer. Sie glaubte jeden Abend, dass ihr geliebter Bruder doch zur Türe hereinkommen sollte. Ihre Mama tröstete sie: „Weißt du jetzt darf er im Himmel in den Wolken mit Engeln spielen." Das war ein kleiner Trost für das traurige Kind.

Mit den Jahren kamen vier weitere Brüder nach. Anna musste Verantwortung übernehmen. Sie musste nicht nur Babysitten, sondern auch sonst überall mit anpacken. Deshalb konnte ihr der Wunsch nach Weiterbildung in einer höheren Schule nicht erfüllt werden. Wenigstens eine Hauswirtschaftsschule durfte sie nach der Pflichtschule noch besuchen. Sie stand am ersten Ferientag todtraurig auf dem Schulhof.

Anna war damals sehr ehrgeizig und neugierig. Deshalb besuchte sie immer wieder Kurse und Seminare. Sie probierte alles Mögliche aus. Vom Kindermädchen zur Hausangestellten, Büroangestellten, Musterzeichnerin, Modeverkäuferin, bis hin zur Kostümbildnerin im Theater.

Im Mittelpunkt ihres Schaffens blieb jedoch das Schreiben. Sie begann mit Abenteuergeschichten und Liebesgedichten, die sie dann bald einmal verschwinden ließ, damit sie ja niemand in die Hände bekam. Das war die Phase der frühen Jugend. Ernsthaft begann sie später mit Lyrik und veröffentlichte Bücher in Dialekt und Hochsprache.

In der kargen Freizeit der Jugend, war sie gerne mit ihren Freundinnen zusammen und hatte Spaß in der Jugendgruppe, am Theaterspielen. Sie ging mit Begeisterung in die Berge, strickte und nähte ihre Kleider selbst. Ausgehen war da nicht drin. Da blieben nur die Sonntagnachmittage. Deswegen war sie aber nicht traurig. Nur, wenn ihre Freundinnen zum Schwimmen an den Rhein radelten, war sie schon ein bisschen neidisch. Anna musste ja ins Feld zum heuen. Dann noch kochen und die Geschwister versorgen und ins Bett bringen. Nachdem hatte sie Zeit für Hausaufgaben, die sie immer gerne erledigte.

Es gab natürlich auch unvergessliche Kindheitserinnerungen, wie Weihnachten, Namens- und Geburtstage. An diesen gab es immer die Lieblingsspeise für alle. Für Anna war das Allerschönste natürlich wenn das Christkind kam. Ihr Vater bastelte Nächte lang in der Werkstatt. Es gab ein kunstvoll bemaltes Schaukelpferd für die Brüder und eine ganz noble Puppenstube für Anna. Ein anderes Jahr eine Schildkrötenpuppe, die nächsten Weihnachten einen wunderbaren Puppenwagen aus Holz.

Anna durfte trotz der vielen Arbeit lange Kind sein. Die Geborgenheit, die Enge des Elternhauses, die sie damals als große Einschränkung empfand, würde sie den Kindern und

Jugendlichen von heute sehr gönnen.

Anna hat einen großen Wunsch für die jungen frühreifen Erwachsenen, die nicht mehr so lange Kind sein dürfen und sich dem rauen Wind der Zukunft stellen müssen. Sie wünscht ihnen viel Liebe, Geborgenheit und die Kraft und den Mut zur Langsamkeit.

Selbst wünscht sie sich viel Empathie, Verständnis, Offenheit der Umwelt gegenüber, nur noch das zu schaffen, was ihr im Leben Freude macht und leicht fällt

Verfasst von Eva Drozd

# SCHULE ANNO DAZUMAL

Annemarie wuchs während des zweiten Weltkrieges als eines von fünf Kindern in Bregenz auf. Ihre Eltern betrieben eine Schneiderei, weshalb sie schon als Kind viel zu Hause mithelfen musste. Sie besuchte die Volksschule in der Kaiserstraße und später die Mädchenhauptschule in Thalbach. Nach der Schulausbildung machte sie eine kaufmännische Lehre und war unter anderem als Verkäuferin und als Sekretärin tätig. Mit 28 Jahren heiratete sie und zog nach Koblach.

Annemarie erzählt:

„Bregenz wurde während des 2. Weltkrieges sehr stark bombardiert und teilweise waren ganze Gebiete zerstört.

*Blick von der Rathausstraße in Richtung Montfortstraße nach einem Bombenangriff der französischen Armee während des 2. Weltkrieges.*

Von der Rathausstraße konnte man sogar bis in die Montfortstraße sehen! In der Schulgasse ist gar nichts mehr gestanden, außer interessanterweise die Schule selber, bis auf ein paar Löcher. Dort ging ich dann auch in die Volksschule. Schulhof hatten wir keinen, der war kaputt, und Turnhalle auch keine. Die gesamte Volksschulzeit hatten wir keine Turnhalle, wir kannten das auch nicht. Stattdessen ist man mit uns sporadisch an den See gegangen. Dort gab es eine Wiese, wo wir geturnt haben, aber nicht regelmäßig, da das Wetter ja auch noch passen musste. Mitunter schrieben wir auf die Tafel: ‚Der Himmel ist blau, das Wetter ist schön, wir bitten das Fräulein spazieren zu gehen', um unsere Lehrerin zu überzeugen mit uns nach draußen zu gehen.

Wir mussten jeden Tag Geschirr mit in die Schule bringen, weil es zu Mittag immer die Schülerausspeisung gab. Das Essen ist immer aus den USA geliefert worden und meistens bekamen wir Gerstensuppe oder amerikanisches Brot mit Erdnussbutter. Unser Lieblingsessen war aber der Eintopf, den wir eigentlich gerne jeden Tag gehabt hätten. Wir waren etwa 50 Mädchen pro Klasse, aber es herrschte trotzdem strenge Ordnung. Gelernt haben wir sehr viel, denn wir hatten strenge Lehrerinnen. Ich bin immer in der ersten Bank gesessen, weil ich so klein war. Aber ich bin gerne vorne gesessen, auch später in der Hauptschule noch. Anschließend ging ich in Thalbach zur Hauptschule, die ich auch sehr gemocht habe. Die Schule ist mir leicht gefallen und meine Noten waren immer gut. Klassen waren nach Geschlechtern getrennt, in der Volksschule und in der Hauptschule sowieso, weil man das nicht anders gekannt hatte. Buben und Mädchen wurden nie gemischt, deshalb war es vielleicht auch so ruhig in unserer Klasse. Ich musste etwa eine halbe Stunde zur Schule gehen, denn ein Fahrrad hatte man damals keines und einen Bus gab es sowieso nicht. Die Schulbücher haben wir alle von den älteren Schülern bekommen, aber da wurde natürlich nichts hineingeschrieben. Der Unterricht war damals anders, denn im Vergleich zu heute haben wir den ganzen Unterrichtsstoff in Heften erarbeitet. Schule war immer am Vormittag und Nachmittag, nur mittwochs und samstagnachmittags war frei, und sonntags natürlich auch.

Am Morgen, bevor wir in die Schule mussten, sind wir jeden Tag zur Schulmesse gegangen. Es war langweilig, und wie, aber da hat uns niemand gefragt, ob wir das wollten. Es hat auch noch keine Heizung in der Kirche gegeben und wir haben im Winter immer gefroren. Es mussten lange nicht alle in die Schulmesse, aber meine Familie war recht religiös, wir wohnten direkt unterhalb der Kirche und hatten es nicht weit. Die Lehrer von der Hauptschule wollten, dass wir in die Galluskirche gehen und nicht in die Herz-Jesu-Kirche, aber wir wollten das auf keinen Fall. Denn in der Herz-Jesu-Kirche durften wir immer nach der Kommunion gehen, damit wir es noch rechtzeitig zur Schule schafften und das war uns sehr wichtig. Ich kann mich nicht daran erinnern, dass ich wirklich gebetet habe in der Schulmesse. Toll war aber immer die Rorate im Advent, wenn wir mit unserem Kaplan mehrstimmige Lieder gesungen haben. Die Schüler, die von weit hergekommen sind, wie etwa Klosters, haben danach alle im Austriahaus, nicht weit von der Kirche, Kakao und Brot bekommen. Das hat Kaplan Kleinbrod organisiert und das war wie ein Fest. Auch die Maiandachten hat der Kaplan sehr toll veranstaltet, dann ist man natürlich sehr gerne gegangen."

Ministrieren durfte ich nicht, das durften nur Buben, und auch Sternsingen durfte ich nicht. Mein Bruder Hermann hat dort mitgemacht, weil er gut singen konnte.

Nach der Hauptschule machte ich eine kaufmännische Lehre in der Rathausstraße in einem Wäschegeschäft (Wäsche- und Babyartikel). Ich wäre gerne in eine weiterführende Schule gegangen, aber das war eine Geldfrage.

Es war eine einfache Zeit, ich habe sie gemocht, weil man auch nicht so viel gebraucht hat. Heutzutage braucht man so viel und das macht mir Stress."

Verfasst von Katharina Burtscher

## EIN UNVERGESSLICHER SOMMERAUSFLUG

Edith Klocker (geborene Büsch) wurde am 1. September 1938 geboren und wuchs zusammen mit ihren zwei Schwestern und zwei Brüdern in St. Gallenkirch, im Montafon auf. Sie ist die Älteste der fünf Kinder und half schon von kleinauf ihren Eltern in ihrem kleinen Laden und der Trafik aus. Mit 16 Jahren zog sie nach Bregenz, um dort eine Lehre zu machen und zu arbeiten. Mit 18 Jahren heiratete sie Paul Klocker und im selben Jahr kam ihre erste Tochter zur Welt. Darauf folgten noch zwei Söhne und neun Jahre später zwei weitere Töchter und ein Sohn. Ihre sechs Kinder zog das Ehepaar in Dornbirn groß, doch wenn immer es möglich war, fuhren sie auf ihre Hütte am Gampaping im Montafon, ihr „wahres" Zuhause. Heute hat Edith Klocker mit ihren knapp 80 Jahren 16 Enkelkinder und acht Urenkel.

Edith Klocker erzählt:

„Eines schönen Morgens am 21. Juni im Jahre 1949 machten meine Klasse und ich, gerade 12 Jahre alt, gemeinsam mit unserem Lehrer einen Schulausflug. Er wollte uns Kindern das Land Vorarlberg zeigen, da die meisten von uns aus dem Montafon, gerade in der Nachkriegszeit, aber auch sonst, höchstens einmal bis Bludenz gekommen waren. Wir Schülerinnen und Schüler hatten die größte Freude, denn zu dieser Zeit fuhren vom Montafon ins Rheintal noch keine Busse, und so setzte unser Lehrer uns alle auf die Ladefläche eines Lastwagens. Voller Vorfreude setzten sich diejenigen, die einen Platz auf einer Mohrenbank fanden, und die anderen standen eben und hielten sich irgendwie an den Brettern fest, die vorsichtshalber noch angebracht worden waren. Der Lastwagen war ein sogenannter „Holzgaser“ und das bedeutete, dass der Chauffeur alle paar Kilometer neues Holz in den Ofen legen musste, damit der Lastwagen überhaupt fahren konnte. So fuhren wir lachend und Lieder singend bis zu unserer ersten Station, der Ruine Montfort in Götzis. Dort packten wir unsere Jausenbrote aus und vergnügten uns auf der Burg. Ich saß in einem der Burgfenster und wollte mein Brot zusammen mit meinem Ei essen. Leider rollte das Ei aus Versehen den Berg hinunter und so musste ich mich mit meinem Brot begnügen. Das Spielen auf einer echten Burg war ein riesen Abenteuer für uns. Danach fuhren wir weiter bis Dornbirn, eine Großstadt für uns, auch wenn die Stadt im Gegensatz zu heute damals noch recht klein war, bis zur Rappenlochschlucht. Kurz vor dem Gütle explodierte plötzlich mit einem lauten Knall ein Reifen des Lastwagens. So musste unser Chauffeur in der Zeit, in der wir durch die Schlucht wanderten, den Reifen wechseln. Beeindruckt von den Wasserfällen und der Schlucht wanderten wir bis ans Ende der Rappenlochschlucht. Inzwischen war es schon Nachmittag und wir fuhren auf dem Lastwagen weiter bis nach Bregenz. Keiner von uns war jemals zuvor in Bregenz gewesen, denn nach dem Krieg konnte es sich keiner leisten, auch nur ein klein wenig zu reisen. Wir schlenderten alle zusammen durch das Städtchen, welches uns sehr begeisterte und schlussendlich kamen wir bis zum Bodensee. Zu unserer großen Freude mietete unser Lehrer kleine Holzboote, mit denen wir auf den See hinausfuhren. Lange Zeit blieben wir auf dem See. Unser Lehrer hatte großes Glück, dass wir alle wieder heil am Ufer ankamen, denn wir waren je zu fünft in den Booten und keines der Kinder konnte schwimmen. Auch heute erinnere ich mich noch an das Gefühl, wie besonders es für uns war, auf dem See mit den Booten zu fahren. Es wurde immer später, denn keiner von uns wollte gehen und so war es schon längst dunkel, als wir wieder auf die Ladefläche des Lastwagens stiegen und unsere Heimreise begann. Die Fahrt nach Hause ins Montafon dauerte eine halbe Ewigkeit, denn der Lastwagen konnte damals nur um die 40 km/h fahren und eine Autobahn gab es natürlich noch nicht. Wir nutzten dies natürlich aus und freuten uns, so spät nach Hause zu kommen. Singend und lachend fuhren wir durch alle Dörfer, sodass viele Leute aus ihren Häusern kamen, um uns zuzuwinken. Auf der Höhe von Feldkirch begannen auf einmal auf allen Bergen die Sonnwendfeuer zu brennen, denn am 21. Juni 1949 war Sonnwende. Auch heute liebe ich noch Sonnwendfeuer, da diese Erinnerung so eine schöne und unvergessliche für mich ist: Wir, singend auf dem Lastwagen, während wir den Geschichten des Lehrers lauschten und die Sonnwendfeuer betrachteten. Mitten in der Nacht kamen wir dann wieder in St. Gallenkirch im Montafon an und ich war in wenigen Minuten zu Hause, während andere noch eine halbe Stunde für den Heimweg brauchten.

Der Ausflug ist bis heute für mich unvergesslich, er war wunderschön und etwas ganz Besonderes.“

Verfasst von Malena Waibel

# EIN WEITER WEG NACH VORARLBERG

Edith Obermayer wurde am 20. Dezember 1926 in Südtirol geboren und wuchs dort mit ihrer Familie in einem Haus auf. Sie hat gute Erinnerungen an ihre Kindheit, da es wenig schlechte Erlebnisse gab. Im Südtirol besuchte sie 13 Jahre lang die Schule und ging danach nach Österreich. Anfangs war dies eine Herausforderung, da die Schule in Österreich eine enorme Umstellung für Frau Obermayer war. Im Südtirol mussten sie in der Schule alles auf ladinisch schreiben und als sie nach Österreich kam, musste sie sich mit der deutschen Sprache zurechtfinden.

Dies war das Jahr, in dem sich bei Frau Obermayer viel ereignete. Sie begann mit einem so genannten Pflichtjahr, das ein halbes Jahr lang dauerte. Sie kam zu einer Metzgerei, wo sie für ganz wenig Geld zu arbeiten begann. Frau Obermayer hatte kaum Freizeit, ihr Leben bestand nur aus Arbeit. Sie erzählte, dass es zu Hause in Seefeld nur ein Kino gab, man durfte allerding erst mit 18 Jahren einen Film sehen. Nach dem Pflichtjahr führte ihr Weg sie nach Igls, Nordtirol. Zwei Monate lang war sie dort in einem Gasthaus als Hausmädchen tätig. Nach diesen zwei Monaten begab sich Frau Obermayer erneut auf Wanderschaft, diesmal zog sie nach Seefeld. In Seefeld kam sie in eine neue Familie um zu putzen und zu helfen. Frau Obermayer denkt gerne an die Zeit zurück, obwohl es anstrengend und herzzerreißend war.

Sie erzählte folgende Episode: „Ich musste bei einer Familie arbeiten, die jüdisch war. Während der NS-Zeit wurden in Österreich und Deutschland Juden verfolgt und inhaftiert, das betraf auch die Familie, bei der ich im Haushalt tätig war. Als ich eines Tages in der Früh aufwachte, wurde mir klar, dass ich ganz alleine war und die Familie weggebracht worden war. 1945 wurden aus dem NS-Konzentrationslager Dachau tausende hungernde Häftlinge abtransportiert. 1700 dieser Juden kamen in Seefeld am Bahnhof an. In den Wirren der letzten Kriegstage löste sich der Transport auf. Die Bewacher der SS ließen die Schwachen und Sterbenden am Wegesrand zurück. Eine alte Gedenktafel nennt insgesamt 63 Juden, die Opfer eines Todesmarsches waren und in Seefeld bestattet wurden."

Das Jahr ging zu Ende und somit auch der Dienst. Als nächstes begann Frau Obermayer in einer Apotheke zu arbeiten, bis sie nach Vorarlberg kam. Als ihre Schwester das Licht der Welt erblickte, wurde ihre Hilfe in Vorarlberg benötigt. So zog Frau Obermayer nach Vorarlberg, wo sie anfangs einen schweren Start hatte. Dennoch lächelte sie und erzählte: „Ich mochte Vorarlberg anfangs gar nicht. Eines Tages wollte ich mir in einem Geschäft etwas kaufen. Die Verkäuferin konnte mich nicht verstehen und umgekehrt verstand auch ich sie nicht. In Gedanken war ich so verärgert, dass ich mir dachte: „Jetzt packst alles zusammen und gehst zu Fuß nach Hause nach Seefeld, hier passt es für dich nicht." Ich fühlte mich sehr verdrossen in einem Land, wo man mich nicht verstand."

Jedenfalls gewöhnte sich Frau Obermayer mit der Zeit an die Sprache und lebt jetzt schon seit 70 Jahren in Vorarlberg. Sie betätigte sich wieder im Haushalt und besuchte das Marienheim. Das Marienheim war eine Haushaltungsschule, die von Klosterfrauen geführt wurde. Frau Obermayer konnte nicht erahnen, dass der Weg, der sie nach Vorarlberg führte, auch der Weg sein würde, auf welchem sie ihrem zukünftigen Mann begegnete. Eines Tages lernte sie diesen beim Nachhauseweg kennen. Sie heirateten bald und nach einiger Zeit kamen ihr Sohn und ihre Tochter zu Welt. Vor zwei Jahren starb ihre Tochter leider mit 63 Jahren, denn sie hatte schwarzen Hautkrebs. Ihr Sohn wohnt seit 30 Jahren in Wien. Frau Obermayer war 65 Jahre lang verheiratet und nahm auch ein Pflegekind, ein kleines Mädchen, auf. Bei einem schlimmen Zugunglück ist das Pflegekind tragischerweise tödlich verunglückt. Die 20-Jährige wollte mit dem Zug nach Hause fahren, um frische Wäsche von zu Hause zu holen. Doch bereits kurze Zeit später kam es zu einem Eisenbahnunfall. Das junge Mädchen starb noch am Unfallort. Folglich erzählte mir Frau Obermayer: „Als die Tochter im Zug saß, konnte ich auf einmal spüren, dass etwas Schlimmes passieren würde und so geschah der Unfall.

Frau Obermayer findet, dass das Leben heute ein Stück besser ist als früher. Sie hat viele schöne Erinnerung, auch wenn das Leben nicht immer leicht war. Sie hatte nämlich immer etwas zu essen, auch wenn es nicht immer das war, was sie wollte. Sie sieht das Leben immer von seiner schönen Seite.

Verfasst von Mihriban Cakmakci

# MEIN (UM)WEG NACH VORARLBERG

Rosa Weissensteiner, welche am 18. April 1925 geboren wurde, wuchs mit ihren Eltern und ihren zwei älteren Geschwistern in Brixen, Südtirol, auf. Da ihr Vater bei der italienischen Eisenbahn angestellt war, musste sie, als sie eineinhalb Jahre alt war, mit ihrer Familie nach Castel San Giovanni in Italien umziehen.

Sie kam mit sechs Jahren auf eine italienische Schule, wo sie die Sprache erlernte. Frau Weissensteiner kann heute noch etwas Italienisch, obwohl sie im Laufe der Zeit viel vergessen hat. Frau Weissensteiner und ihre Familie blieben zehn Jahre lang in Italien.

Durch die von den beiden faschistischen Diktaturen Italien und Deutschland zwischen 1939 und 1943 erzwungene Wahl mussten sich Frau Weissensteiner und ihre Familie, sowie alle anderen Südtiroler, zwischen Südtirol und Deutschland entscheiden. Doch wer Deutschland wählte, musste auswandern und wer Südtirol wählte, musste dafür die deutsche Muttersprache und Kultur aufgeben. Ihr Vater wählte natürlich Südtirol, da er ansonsten von der italienischen Eisenbahn entlassen worden wäre.

Frau Weissensteiners Vater ging mit 55 Jahren in Rente, so kehrte die Familie wieder zurück in ihre Heimat Südtirol, nach Brixen, wo sie auf einem Bauernhof als Magd ihr Geld verdiente. Später, in den fünfziger Jahren, musste die Familie nach Österreich auswandern, auch wenn es Frau Weissensteiner sehr schwer fiel ihre geliebte Heimat Südtirol nochmals zu verlassen.

In Österreich war es ihr Wunsch, Krankenschwester zu werden, jedoch konnte sie aufgrund ihrer mangelnden Deutschkenntnisse keine Krankenschwesternausbildung machen. Auch wenn sie sich diesen Wunsch nicht erfüllen konnte, fand sie dennoch eine andere Arbeit, die sie gern machte. Da sie schon immer gut mit Kindern umgehen konnte, arbeitete sie als Kinder- und Hausmädchen bei einer Familie. Dort passte sie auf den Sohn auf, kochte und putzte für die Familie. Sie verbrachte auch viele Jahre als Hausmädchen in Hotels und lebte fünf Jahre lang in der Schweiz. Als sie 35 Jahre alt war, lernte Frau Weissensteiner einen vier Jahre älteren Südtiroler kennen, welchen sie bald heiratete. Sie haben einen Sohn, der 57 Jahre alt ist und dessen Frau als Hauptschullehrerin arbeitet. Außerdem hat Frau Weissensteiner auch einen Enkel, welcher 22 ist und in Wien studiert.

Über ihre Kindheit erzählt Frau Weissensteiner:

„Als ich ein Kind war, spielte ich gerne mit meinen zwei älteren Geschwistern. Meine Kindheit war nicht einfach, so gut wie heute hatten wir es damals nicht. Wir waren viel ärmer, ganz anders als heute. Man hatte nicht so viele Sachen zur Verfügung und man musste immer sparen. Zu essen gab es meistens nur Butterbrote, Wurst und Knödel von der Mama."

Hintergrundgeschichte Südtirol:

1939 erfolgte das sogenannte „Hitler-Mussolini-Abkommen“, das die deutschsprachigen Südtiroler vor die Wahl stellte, entweder für Deutschland zu optieren und dorthin auszuwandern oder – einer unsicheren Zukunft im faschistischen Staat entgegensehend – in Südtirol zu verbleiben und die italienische Staatsbürgerschaft zu behalten. Die Option und die Diskussionen darüber spalteten die Südtiroler Gesellschaft tief, schließlich votierten rund 86% der Bevölkerung für die Umsiedlung, das entsprach über 166.000 Wahlberechtigten. Tatsächlich ausgewandert sind bis 1943 allerdings nur rund 75.000, von denen die meisten 1945 wieder nach Südtirol zurückkehrten.

Mit Ende des Zweiten Weltkrieges keimten erneut die Hoffnungen auf eine Wiedervereinigung Tirols auf. Die Möglichkeit dazu war aber nie gegeben und Südtirol blieb Teil Italiens. Im Pariser Vertrag von 1946 sicherte Italien Südtirol Autonomie zu und erkannte Österreich als Schutzmacht an.

Der anti-italienische Widerstand in Südtirol wuchs und parallel dazu begann auch der bewaffnete Widerstand. Daraufhin schlug Österreich den sogenannten Operationskalender vor, der schließlich 1972 zur Ratifizierung des „Südtirol-Paketes“ und des Zweiten Autonomiestatutes für die Provinz Bozen führte.

Verfasst von Nina Bogdanic

# DAS LEBEN EINES BREGENZERWÄLDER MÄDCHENS

Gisela Freuis (geb. Moosbrugger), auch genannt Mimi, wurde am 27. September 1950 im Andelsbucher Altersheim im Bregenzerwald geboren. Sie wuchs mit ihren sieben Geschwistern im hintersten Winkel von Andelsbuch mit ihren Eltern auf einem Bauernhof auf. 1975 übersiedelte sie mit ihrem Mann nach Alberschwende und zog dort ihre drei Kinder auf. Heute ist sie stolze Oma von neun Enkelkindern.

Gisela Freuis erzählt:

„Die Schule startete im August 1957 und dauerte acht Jahre lang. Schule hatte ich Montag bis Samstag den ganzen Tag, nur Mittwochnachmittag hatte ich frei. Begonnen hat jeder Tag mit dem Kirchenbesuch um sieben Uhr und dann mussten wir alle um Viertel vor acht in die Schule gehen. Wer nicht in der Kirche war, wurde von allen verspottet. Wir hatten eine sehr strenge Lehrerin und ich erinnere mich, dass wir uns in der ersten Klasse nicht getraut haben zu fragen, ob wir aufs Klo durften. Daher habe ich in die Hose gemacht, als ich es nicht mehr halten konnte. Wir hatten großen Respekt vor unserer Lehrerin und wer keinen hatte, dem wurde unschön klargemacht, wer das Sagen hatte. Nach acht Jahren Volksschule fing ich an zu arbeiten, da sich die Hauptschule nur die „besseren" Kinder leisten konnten, also Kinder von Bürgermeistern oder von Gasthausbesitzern und nicht Kinder einer Bauernfamilie, wie ich eines war. Deshalb begann ich in der Fabrik in Andelsbuch an zu arbeiten. Ich stand dort an einem Fließband und musste Socken zusammennähen. Das könnte ich heute noch. Je mehr man gearbeitet hat, desto mehr Geld hat man verdient. Einmal in der Woche ging ich in die Hauswirtschaftsschule, wo wir kochen und nähen lernten. Die Buben gingen in eine andere Schule, getrennt von uns Mädchen. Sie mussten auch nicht Nähen und Kochen lernen, sondern handwerkliches Arbeiten. Wenn wir frei hatten und zu Hause waren, mussten wir unsere Hausaufgaben erledigen und bei den Arbeiten im Stall und auf dem Feld helfen. Das Leben auf dem Hof war nicht gerade ein Zuckerschlecken. Zweimal während der Wintermonate wurden wir gebadet. Dafür stellte meine Mama eine Wanne in den Kuhstall, wo es vor Mist nur so stank, und füllte sie mit heißem Wasser, welches man in der Küche erwärmt hatte. Meistens waren wir nach dem Baden genauso dreckig wie davor, aber man hat sich gewaschen so gut es ging. Als es wärmer wurde, badeten wir oft im Bach und hatten dort auch viel Spaß. Ich hatte einen gestrickten Badeanzug von meiner Schwester. An die Farbe erinnere ich mich heute noch: Er war pink. Heute wie damals fand ich ihn einfach nur potthässlich, doch ich hatte nur diesen einen. Das Highlight war, wenn wir einmal nicht Zuhause schlafen mussten, sondern bei einer Freundin übernachten durften, denn so konnte ich der harten Arbeit ein bisschen entfliehen.

Im Sommer mussten wir dann beim Heuen helfen. Mähen und heuen mussten wir alles von Hand. Am Morgen um drei fing mein Vater an mit einer Sense zu mähen und wir Kinder begannen um sieben mit unserer Arbeit. Es waren die mühsamsten und vor allem heißesten Arbeiten, die ich jemals gemacht habe. Gespielt haben wir wenig oder auch gar nicht. Und wenn wir die Gelegenheit dazu hatten, waren wir immer draußen im Wald oder auf dem Feld. Im Haus hatten wir genau eine Schublade mit Spielzeug. Neben Bauklötzchen waren ein paar Autos darin, mehr hatten wir nicht.

Weil wir kein Geld hatten, musste mein ältester Bruder den Bauernhof übernehmen, damit mein Papa einen besser bezahlten Job auf der Baustelle annehmen konnte.

Als ich meinen ersten Zahltag von der Fabrik bekommen hatte, ging ich zum Friseur. Heutzutage hätte man sich ein neues Handy gekauft, aber ich wollte nur einen Haarschnitt, da ich mein ganzes Leben immer lange Haare gehabt hatte. Vom zweiten Zahltag habe ich mir meine erste Hose gekauft. Ich hatte nie eine Hose. Im Winter wie im Sommer trug ich immer ein Kleid. Beim Skifahren im Winter haben wir Mädchen das Kleid mit Haken an unseren Strümpfen festgemacht, damit es so eng wie möglich am Körper lag. Trotzdem war es eiskalt. Den Rest des Geldes, das ich verdient hatte, musste ich zuhause abgeben. Alle meine Geschwister und ich haben uns nie etwas selber gekauft. Das Geld wurde gespart und für Nahrungsmittel und lebenswichtige Dinge ausgegeben. Meine Brüder erzählen noch heute, dass sie oft Hunger hatten, weil sie nicht genug zu essen hatten, obwohl ich mich daran nicht erinnern kann. Mit 18 Jahren begann ich, in Lustenau in einem Gasthaus zu arbeiten. Von dem dort verdienten Geld habe ich mir dann mein erstes Auto gekauft. Es war ein grüner Käfer und noch heute weiß ich, wie ich mich gefreut habe. In Lustenau habe ich wie ein Tier gearbeitet. Wir wurden mehr oder weniger ausgenutzt, aber es war besser als in der Fabrik. Auf der Arbeit habe ich auch meinen Mann kennengelernt. Er ist mir sofort ins Auge gestochen und da habe ich mir gedacht: „Dean Ma hätt i gen!“ Ich wollte ihn und ich habe ihn bekommen. Wir sind zusammen ausgegangen, haben gelacht und uns verliebt. Er war die Liebe meines Lebens. Da es im Bregenzerwald nicht so viele Möglichkeiten gab, auszugehen, haben wir jede Gelegenheit genutzt, die sich uns bot. Wir sind auf jede Hochzeit gegangen, egal ob wir das Brautpaar kannten oder nicht. Und dann sind wir meistens zwei Stunden nach Hause gelaufen, da wir keine andere Wahl hatten. Nachdem ich geheiratet hatte, zog ich mit 23 Jahren von zu Hause aus. Und mit der Geburt meines ersten Sohnes begann ein neuer Abschnitt meines Lebens.

Das war meine Kindheit und meine Jugend, die einerseits hart war, aber andererseits weiß ich nun, dass man im Leben auch die kleinen Dinge schätzen muss."

Verfasst von Sanna-Mae Freuis

# AUS MEXICO CITY NACH LUSTENAU

Edith Erne (geborene Huerta) wurde am 14. September 1944 in Mexico City geboren. Dort hat sie ihren Ehemann Bruno Erne, einen Lustenauer, kennengelernt. Sie heiratete ihn vor 53 Jahren in Mexico. Die gebürtige Mexikanerin hat mit ihrem Ehemann zwei Töchter, die ihnen zwei Enkelkinder schenkten.

Was Edith Erne besonders an Mexico liebt, ist das schöne Wetter. Sie zog vor 13 Jahren auf Wunsch ihres Gatten nach Österreich und sieht ihre Familie in Mexico sehr selten, da die Reise dorthin sehr teuer ist. Außerdem widmet sie das Geld und die Zeit lieber ihrer Familie hier in Österreich. „Heimat ist für mich ein Ort, an dem ich jeden Tag mit meiner Familie genießen kann."

Ediths Geschichte in Österreich beginnt schon vor 51 Jahren, als sie zum ersten Mal für zwei Wochen auf Besuch kam. Sie kehrte nach der Reise wieder zurück nach Mexico, kam aber nach 38 Jahren wieder zurück nach Österreich. Das Leben hier hielt sie anfangs für sehr unkompliziert und einfach, da sie ihren Ehemann an ihrer Seite hatte und sich auf ein neues Abenteuer in Österreich freute. Obwohl Frau Erne Sprachkurse besuchte, fällt es ihr heute noch schwer, hier Kontakte zu knüpfen. Auch wenn sie das Leben in Österreich sehr mag, fehlen ihr ihre Haustiere, die sie damals in Mexico hatte. Ein weiterer Aspekt, den sie hier in Österreich sehr schätzt, sind die Bildungsmöglichkeiten. Hier bilden sich die meisten Jugendlichen entweder weiter oder beginnen eine Lehre. Dies ist in Mexico nicht der Fall, obwohl es dort auch viele Möglichkeiten gäbe.

Da Frau Erne in Pension ist, hat sie sehr viel Zeit, welche sie in gute Zwecke investiert. Sie unterstützt ihre Töchter wo sie nur kann, vor allem, wenn es um die Versorgung der Enkelkinder geht. Auch wenn sie ihnen früher mehr half, findet sie immer noch Zeit, sich um die beiden zu kümmern. Durch ein Angebot des Österreichischen Roten Kreuzes kam sie in Kontakt mit Senioren, welchen sie nun wöchentlich am Montag Turnunterricht gibt. Die Mexikanerin ist außerdem musikalisch sehr aktiv und spielt leidenschaftlich gerne Gitarre. Äußerst wichtig ist Frau Erne auch ihr Engagement bei der Caritas als Sozialpatin, wo sie anderen Menschen – so gut sie kann – unter die Arme greift. Diese Aktivität begeistert Frau Erne so sehr, dass man von ihr Aussagen wie „Mache ich sehr gerne obwohl es nicht einfach ist.“ oder „Das Dankeschön reicht mir.“ hört. Frau Erne begleitet im Moment eine Frau, die in Lustenau lebt. Wenn sie neben ihren vielen Beschäftigungen noch Zeit findet, besucht sie gerne Seminare.

Wenn es eine Sache gibt, die man über Edith wissen sollte, ist es die, dass sie ein sehr optimistischer und offener Mensch ist.

„Man sollte leben und andere leben lassen.“

„Du kannst deine Meinung haben und ich akzeptiere sie, aber ich habe auch meine eigene Meinung.“

„Es gibt immer ein Licht, das dir in schlechten Zeiten den richtigen Weg zeigt.“

Verfasst von Ülkü Özcan

## REFLEXION

**Anna Albrich:** „Ich nehme aus diesem Projekt mit, dass wir uns sehr glücklich schätzen können in der heutigen Zeit zu leben.“

**Anna Oberhauser:** „Aus dem Interview mit Frau Scheer nehme ich vor allem mit, dass man die kleinen Dinge im Leben schätzen soll. Außerdem war es äußerst interessant zu erfahren, wie ältere Personen ihre Kindheit verbracht haben.“

**Elias Häfele:** „Ich habe aus dem Projekt mitgenommen, dass die Welt sich immens verändert hat und ich bin froh, dass viele ältere Menschen ihre Erlebnisse und Erfahrungen mit uns geteilt haben.“

**Ülkü Özcan:** „Es gibt trotz schlechter Zeiten immer ein Licht, dass dir den richtigen Weg zeigt. Immer schön daran glauben.“

**Aida Omerovic:** „Mit viel Optimismus ging meine liebe Oma durch das Leben. Genau das nehme ich mir zum Vorbild.“

**Sanna-Mae Freuis:** „Das Leben meiner Oma war nicht einfach, daher bewundere ich sie sehr. Da sie so eine starke und lustige Frau ist, ist sie mein größtes Vorbild.“

**Emine Karatas:** „Es wurde mir bewusst, dass man alles erreichen kann, was man will, wenn man sich dafür einsetzt und darum kämpft.“

**Camilla Oberweger:** „Rita ist trotz ihrer Kindheit im Kloster optimistisch geblieben und das finde ich sehr bewundernswert. Nicht nur gute Erfahrungen prägen dein Leben. Oft wird man gerade durch schwierige Phasen zu dem Menschen, der man ist.“

**Malena Waibel:** „Mir wurde durch das Projekt wieder einmal bewusst, dass man die kleinen Dinge im Leben viel mehr schätzen sollte! In der heutigen Zeit stehen uns so viele Türen offen, diese Möglichkeiten sollten wir nutzen und jeden Tag dankbar dafür sein, dass es uns gut geht!"

**Eva Drozd:** „Wenn ich etwas wirklich möchte, kann ich alles erreichen. Alle Türen stehen mir offen, ich muss nur an mich selbst glauben. Ich bin dankbar für die Chancen und Freiheiten die ich heutzutage habe, welche früher nicht so selbstverständlich waren."

**Büsra Özdemir:** „Dieses Projekt hat mich dazu motiviert die heutigen Möglichkeiten, egal ob in der Bildung oder Freizeit, zu nutzen und meinen Weg selbst zu finden.“

**Katharina Burtscher:** „Besonders spannend war es zu erfahren, wie Jugendliche damals aufwuchsen. Mir wurden meine Privilegien bewusst und ich lerne immer mehr, sie wertzuschätzen.“

**Mihriban Cakmakci:** „Mir wurde bewusst, dass das Leben früher ein Stück schwieriger war als heute. Edith riet mir, immer im Leben Spaß zu haben und trotz mancher Schwierigkeiten das Leben genießen.“

**Nina Bogdanic:** „Aus dem Interview mit Frau Weissensteiner lernte ich, dass man früher als Kind nicht sehr viel Möglichkeiten hatte mit wenig auskommen und das Beste daraus machen musste.“

# DANKSAGUNG

Dieses Buch wurde mit finanzieller Unterstützung von „Eure Projekte“, einer Initiative des Bundeskanzleramtes, gedruckt.

Abschließend bedanken wir uns bei allen, die an diesem Projekt beteiligt waren.

Ein Projekt des MSOKO Projektteams
des BGD

1. Auflage 2018
mit Unterstützung vom Bundeskanzleramt

Layout: Clara Schmiedehausen, Nina Mathies

# Impressum:

**Bibliografische Information der Deutschen Nationalbibliothek:**
Die Deutsche Nationalbibliothek verzeichnet diese Publikation in der Deutschen Nationalbibliografie; detaillierte bibliografische Daten sind im Internet über dnb.dnb.de abrufbar.

**Herausgeber:** Elias Häfele, © 2018 MSOKO Projektteam

**Herstellung und Verlag:** BoD – Books on Demand, Norderstedt

**ISBN:** 9783735781864

FSC
www.fsc.org
MIX
Papier aus verantwortungsvollen Quellen
Paper from responsible sources
FSC® C105338